GUIDE PRATIQUE

POUR CONSTATER

LES FALSIFICATIONS DU LAIT

PAR

François-Xavier DIRR,

Commissaire de Police à Pontoise.

——oo⁘oo——

PONTOISE

IMPRIMERIE TYPOGRAPHIQUE PUTEL, RUE BASSE, 63.

—

AVANT-PROPOS

En publiant cet opuscule, mon intention a été d'offrir, dans un langage intelligible à tout le monde : au public, un travail intéressant et utile, et aux fonctionnaires et agents chargés de surveiller le commerce du lait, un guide pratique pour constater les falsifications de cette précieuse substance alimentaire.

En 1869, étant Commissaire de police à Sainte-Marie-aux-Mines (Haut-Rhin), — cité populeuse où le commerce du lait est considérable, — j'avais déjà fait un premier travail sur cette délicate matière. — Simple et modeste, comme il devait l'être, il ne fut pas moins bien accueilli par l'administration locale et départementale. Il reçut également l'approbation du chef du Parquet de Colmar, qui m'en témoigna sa satisfaction dans une lettre ainsi conçue :

Colmar, le 12 juillet 1869.

Monsieur le Commissaire de police,

Je vous remercie de l'envoi de la brochure que vous venez de publier sur les moyens de reconnaître les falsifications du lait. Je me suis empressé de la lire et l'ai trouvée très-intéressante et très-utile.

Agréez, monsieur le Commissaire, l'assurance de ma considération très-distinguée.

Le Procureur impérial,

Signé : Krug-Bace.

Des suffrages si encourageants m'imposaient l'obligation de redoubler d'efforts pour améliorer mon ouvrage : j'ai revu avec une scrupuleuse attention toutes les parties, et toutes ont été sensiblement augmentées et améliorées.

Aussi, je puis dire aujourd'hui que je n'ai absolument rien négligé pour rendre mon travail agréable à mes lecteurs : j'ai évité autant d'être trop succinct et superficiel que de le charger d'un vaste appareil d'érudition.

Cependant, il a fallu nécessairement me pénétrer des données de la science, afin de pouvoir m'assurer ensuite, par ma propre expérience, de celles qui peuvent le plus facilement passer dans la pratique et conduire aux conclusions les moins incertaines dans les recherches que j'avais en vue. On remarquera qu'en beaucoup d'endroits j'ai indiqué les sources mêmes où j'avais puisé, afin de mettre mes lecteurs à même de pousser plus loin leurs recherches et de leur faire connaître les principaux auteurs qu'on peut consulter sur la matière. On observera, d'ailleurs, que je n'ai mis à contribution que des auteurs dont le nom seul est un éloge, et qui jouissent dans le monde scientifique d'une autorité incontestable et incontestée.

Fruit de dix années d'observations et de recherches, mon travail n'est pas un travail scientifique ; mais, bien que nodeste, il ne répond pas moins à une utilité pratique. Entrepris dans cet unique but, il indique toutes les garanties dont il convient d'entourer une vérification de lait ; mais en même temps il assure la répression des coupables qui ne se font aucun scrupule de spéculer sur un des aliments les plus estimés et les plus répandus.

Ainsi l'ont pensé les personnes dont les lettres suivent :

Paris, le 29 juillet 1874.

Mon cher monsieur,

J'ai lu avec la plus sérieuse attention le travail que vous avez rédigé sur le lait. Je pense que si ce fascicule était imprimé et mis entre les mains de MM. les commissaires de police et les maires, il rendrait un grand service à ces magistrats. Lu par les producteurs de lait et les ramasseurs de ce liquide, par ceux qui en font le commerce, il les instruirait et leur serait éminemment utile.

Je vous autorise à faire usage de cette lettre, et vous prie de me croire :

Votre tout dévoué,

A. CHEVALLIER,

Professeur à l'École supérieure de pharmacie,
Membre de l'Académie de médecine, du Conseil
d'hygiène et de salubrité, officier
de la Légion d'honneur.

Paris, 3 août 1874.

A monsieur Dirr, Commissaire de police, à Pontoise.

Monsieur Dirr,

J'ai rendu, il y a quelques jours à mon bon collègue, M. le professeur Chevallier, votre manuscrit contenant les instructions pratiques pour l'essai du lait.

J'ai été très-agréablement surpris de voir combien vous possédiez à fond cette question, et la manière remarquable dont vous l'aviez traitée. Ce sera rendre un véritable service à vos collègues et à tous

ceux que ce sujet intéresse, que de faire imprimer et mettre en ve
votre travail si exact et si consciencieux. De cette façon, les fr
deurs seront facilement atteints, et les honnêtes gens resteront à l'a
de toute poursuite imméritée.

Veuillez recevoir, je vous prie, mes félicitations bien sincère
mes salutations les plus empressées.

BAUDRIMONT,

Professeur à l'École supérieure de pharm

———

Pontoise, 25 août 1874.

Monsieur le Commissaire de police,

Je vous remercie de m'avoir communiqué votre travail sur la fa
fication du lait et sur les procédés en usage pour la reconnaître.

Je l'ai lu avec intérêt, et j'espère qu'il sera un guide très-utile p
tous les fonctionnaires chargés de la recherche ou de la répress
de la fraude en cette matière.

Agréez, monsieur le Commissaire, l'assurance de ma considérat
très-distinguée.

Le Procureur de la République,

Signé R. DE FROIDEFOND.

Lettres parvenues à l'auteur, après l'impression de l'ouvrage.

Versailles, le 10 mai 1875,

Monsieur,

J'ai reçu, avec la lettre que vous m'avez adressée le 27 avril dernier, un exemplaire de votre *Guide pratique* destiné aux agents chargés de surveiller le commerce du lait et de constater les falsifications de cette substance alimentaire.

Je vous remercie de l'envoi de cet intéressant et utile travail.

Je tiens, en même temps, à vous féliciter de consacrer le peu de loisirs que vous laissent vos fonctions à des travaux de cette nature.

Recevez, Monsieur, l'assurance de ma parfaite considération.

LE GARDE DES SCEAUX, MINISTRE DE LA JUSTICE,

Pour le Ministre de par autorisation,

LE CHEF DU CABINET,

Signé : BEAUMONT.

Paris, le 13 avril 1875.

Monsieur le Commissaire de police,

Je vous remercie d'avoir bien voulu m'envoyer votre *Guide pratique* pour constater les falsifications du lait.

J'ai lu avec intérêt ce travail dont j'ai apprécié la justesse et l'utilité.

Recevez, Monsieur le Commissaire de police, l'assurance de ma parfaite considération.

Le Procureur Général,

Signé : IMGARDE DE LEFFEMBERG

Pontoise, 25 mars 1875.

Monsieur le Commissaire de police,

Je vous remercie de m'avoir adressé votre ouvrage sur la falsification du lait et les moyens de la reconnaître.

Des circonstances spéciales m'ont mis à même d'apprécier sa valeur.

Il est appelé à rendre d'utiles services, car il donne aux marchands honnêtes le moyen facile de reconnaître les fraudes et de sauvegarder ainsi leurs intérêts comme ceux des acheteurs.

Agréez, Monsieur le commissaire, l'assurance de ma considération très-distinguée.

LE SOUS-PRÉFET,

Signé : VASSEROT.

GUIDE PRATIQUE

POUR CONSTATER

LES FALSIFICATIONS DU LAIT.

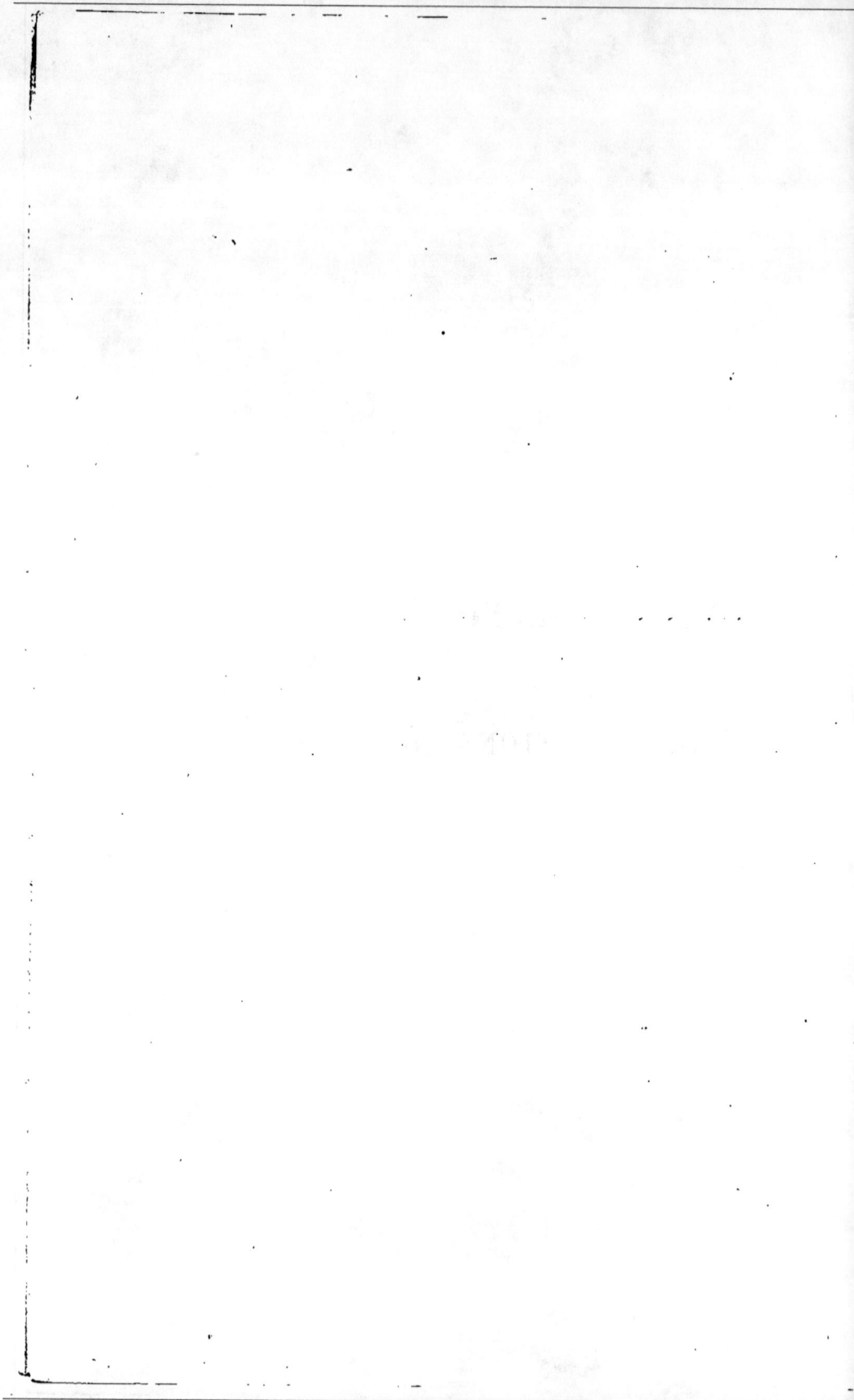

GUIDE PRATIQUE

POUR CONSTATER

LES FALSIFICATIONS DU LAIT

PREMIÈRE PARTIE

I. — DU LAIT.

Le lait est non-seulement un aliment trés-agréable, mais encore un principe de nutrition par excellence. — Il est également recherché par le riche et le pauvre. — Associé à certaines fécules, il constitue souvent l'unique nourriture de l'habitant des montagnes et de l'indigent. L'enfant à sa naissance, comme tous les autres mammifères, y trouve tous les éléments convenables à l'entretien et au développement progressif de ses forces.

Occupant ainsi le premier rang parmi les aliments complets, le lait a dû appeler l'attention des physiologistes ; aussi de nombreux et très-remarquables ouvrages ont-ils été publiés sur cette importante matière.

Les falsifications du lait sont fréquentes : elles commencent dans la vacherie et ne s'arrêtent qu'au moment de la livraison du lait au consommateur : elles sont ainsi commises par le producteur, le marchand en gros et le revendeur ou crémier.

Nous nous proposons d'étudier quels sont, parmi les moyens connus, les plus simples, les plus prompts et les plus concluants pour constater et déjouer une fraude, qui intéresse à un haut degré la santé publique.

Pour la facilité de cette étude, il est indispensable d'examiner le lait dans l'ensemble de ses propriétés essentielles, sans se laisser rebuter par l'appareil de la science. Nous allons d'ailleurs nous servir des définitions les plus simples et les moins dogmatiques.

II. — COMPOSITION DU LAIT

Le lait est un liquide blanc, à reflets irisés, d'une saveur douce, sucré et plus ou moins opaque. Il se compose essentiellement d'une matière azotée, appelée caséine, de crème, d'un principe sucré auquel on a donné le nom de lactine, et d'une grande quantité d'eau.

La caséine est au lait ce que l'albumine (1) est à l'œuf, la fibrine (2) au sang ; c'est-à-dire que le lait lui doit presque toutes ses propriétés nutritives. — Lorsque le lait devient acide, il se forme un coagulum, vulgairement appelé caillé, et qui sert à faire le fromage : c'est la caséine ou caséum, mot latin qui signifie lui-même fromage. (3) — La caséine est dissoute dans la partie séreuse du lait.

(1) L'albumine est la partie blanche de l'œuf.

(2) La fibrine se trouve dans l'économie sous deux aspects, liquide et solide. Sous ce dernier elle constitue essentiellement la chaire musculaire ; sous le premier, elle se trouve dans le sang, le chyle et la lymphe. La fibrine est une substance d'un blanc légèrement grisâtre, sans odeur ni saveur et très-élastique.

(3) Un litre de lait fournit 100 grammes de caillé ou fromage. Pour coaguler le lait, on se sert généralement de présure, matière acide que l'on trouve dans le 4e estomac du veau et des jeunes ruminants qui se nourrissent encore du lait. La présure se compose de lait presque réduit en caséine et de sucs gastriques qui lui communiquent leur acidité. — Il en faut environ 1 gramme pour coaguler un litre de lait.

La lactine se trouve en dissolution dans l'eau, qui contient encore plusieurs sels minéraux, les uns solubles, d'autres insolubles, savoir : des phosphates à base de chaux, de soude, de magnésie et de fer, de chlorures à base de potasse et de soude, et du carbonate de soude.

Voici, suivant plusieurs chimistes distingués, dans quelles proportions ces différents principes entrent dans la composition du lait de vache, le seul dont nous croyons devoir nous occuper ici, les autres laits, tels que ceux de chèvres, d'ânesse, etc., etc., étant d'un usage peu fréquent.

Eau	87 4
Beurre	4
Caséine et sels solubles	3 6
Lactine et sels insolubles	5

Ces principes sont toujours les mêmes, mais ils varient dans leurs proportions, suivant le pays où le chimiste étudie la composition du lait, selon les races d'animaux qui ont fourni le lait et les circonstances de milieux, de propreté, d'alimentation, etc., etc. Aussi, MM. Chevallier et Baudrimont, dans leur dictionnaire des falsifications, ont-ils bien raison de dire que, pour être dans la vérité et pour donner des résultats précis, l'analyste devait indiquer le pays où il a fait ses recherches :

« Le lait des vaches pâturant dans les prairies basses, dans les prés et sur les pentes des côteaux, présente des différences minimes quant à la proportion des matières fixes, de beurre et de lactine; les vaches nourries à l'étable donnent un lait plus riche en lactine, — mais contenant moins de beurre et matières fixes.

› Le lait des vaches pleines, à fin de lait, est plus riche en matières fixes, en beurre et en lactine ; c'est l'inverse pour le lait des vaches ayant récemnent vêlé.

» Les vaches qui ont passé l'hiver à l'étable donnent un lait plus pesant, plus riche en matières fixes, beurre et la lactine, que celles qui ont passé l'hiver au pré.

» La composition du lait varie aux différentes époques de la journée ; la quantité de beurre croît, du matin à midi, de 1/4 à 1/2, et même du double dans la soirée.

» Quant à l'influence déterminée par la nature de l'alimentation, c'est celle du régime d'été, de mai à novembre (trèfle et luzerne, maïs, orge, gazon), au régime d'hiver, de novembre à mai (trèfle ou luzerne, paille d'avoine, betteraves.

» Lorsque les vaches sont maintenues à l'étable pendant toute l'année, la variété des aliments, à l'exclusion de ceux qui donnent une odeur désagréable (choux, navets, poireaux, oignons), les soins relatifs à la propreté et à la tranquillité des animaux influent favorablement sur la bonne qualité du lait. (Chevallier et Baudrimont, *Dictionnaire des falsifications*, 4e édit., pag. 603 et 605.) (1)

---

(1) On peut reconnaître une bonne laitière à certains signes extérieurs que Guenon a indiqués. Cette découverte lui a valu une récompense nationale.

Les vaches indigènes qui fournissent le meilleur lait sont :

1° La race flamande dont les variétés sont les maroilles et les marécoises ;

2° La race boulonnaise ou bournaisienne ;

3° La race picarde ;

4° La race bordelaise ;

5° La race bretonne ;

6° La race femeline ;

7° La race normande, qui renferme la cotentine et celle du pays

III. — DENSITÉ DU LAIT

La pesanteur spécifique du lait, toujours supérieure à celle de l'eau, varie avec les animaux qui ont fourni le lait, et aussi dans un grand nombre de circonstances que nous n'entreprendrons pas d'indiquer ici.

D'après Haller, la densité du lait est à celle de l'eau comme 277 est à 261, ou : 1043 est à 1000 : elle varie, suivant d'autres auteurs, dans les proportions suivantes :

1026, 1029, 1032, 1835.

Quevenne, l'auteur qui est considéré comme ayant le plus étudié le lait, donne le tableau suivant, dans son instruction sur l'analyse du lait.

Minimum	1028 8
Maximum	1036 4
Moyenne	1032 2

D'après Vernois et Becquerel, la densité du lait varie entre 1028 et 1042.

De son côté, le savant docteur Réveil croit qu'un bon lait doit avoir une densité de 1031.5.

Pour nous, après avoir expérience pratique de bien des années, nous inclinons à penser comme le Dʳ Réveil, qu'un

d'Auge, race très-remarquable pour la bonne qualité de lait qu'elle fournit.

Parmi les races étrangères, on cite comme bonnes laitières :

Les races d'Aldernay et d'Ayr (Écosse); celle de Kerry (Irlande) la race d'Angeles (Danemark); celles de Holstein et de Jutland; celles de Voigtland (Saxe); de Pinzkar (Autriche); parmi les suisses, les schwitzoises, les fribourgeoises et les bernoises, etc., etc.

bon lait doit avoir une densité de 1031.5, et nous étayons notre opinion derrière mille essais au moins, effectués dans divers pays de la France et en toute saison.

Mais, nous inspirant des sentiments qui ont dirigé le Dr Quevenne, nous avons, jusqu'à présent, toujours adopté, comme base de nos essais, son minimum de densité. En agissant ainsi, nous avons peut-être laissé échapper quelque coupable, mais aussi notre conscience nous permet d'affirmer que nous n'avons jamais confondu l'innocent avec le coupable, et ainsi compromis les intérêts, l'honneur et la considération d'un honnête marchand.

IV. — FALSIFICATION DU LAIT

On a, dit un chimiste distingué, A. Mangin, fort exagéré l'histoire des falsifications du lait. Les seules qui se pratiquent, il est vrai qu'elles se pratiquent universellement, consistent à écrémer le lait et à l'étendre d'une certaine quantité d'eau. Il est arrivé et il arrive encore quelquefois que, pour rendre au lait ainsi étendu l'opacité et l'aspect du lait normal, on y ajoute des substances propres à l'épaissir ou à lui donner une légère teinte jaunâtre, telles que du sucre, de l'amidon, du caramel, etc., etc.

Néanmoins ces fraudes sont plus rares qu'on ne l'a prétendu. La véritable falsification consiste donc dans la soustraction de tout ou partie de sa crème, et dans l'addition d'une plus ou moins grande quantité d'eau.

De son côté, le chimiste Chevallier, dans son remarquable dictionnaire des falsifications, page 24, est plus explicite encore ; il s'exprime ainsi : « En résumé, nous » pensons que l'addition des substances étrangères au » lait n'est pas aussi fréquente que plusieurs auteurs l'ont

» prétendu. Il faut, en effet, que cette substance étran-
» gère, pour procurer de l'avantage aux falsificateurs,
» réunisse les conditions suivantes : Qu'elle soit à bas
» prix dans le commerce, qu'elle soit insipide et inodore,
» qu'elle ne puisse faire tourner le lait par l'ébullition,
» qu'elle augmente assez fortement la densité du lait, en
» s'y dissolvant. »

Quevenne partage également cette même opinion.

En résumé, il n'est pas facile de découvrir dans un lait
la preuve certaine d'une falsification. Ainsi, lorsqu'un lait
contient à une dose élevée les principes essentiels qui lui
donnent ses qualités nutritives, l'addition d'une certaine
quantité d'eau pourra encore nous donner un liquide aussi
riche que le lait provenant d'animaux chétifs, de mauvaise race ou mal nourris.

Cependant, par l'association d'un certain nombre de
moyens et avec le secours d'instruments intelligemment
employés, moyens et instruments que nous indiquerons,
on peut arriver à reconnaître certainement la fraude.

V. — ALTÉRATION DU LAIT

Le lait, comme toute substance organique, une fois sous-
trait aux lois de la vie, est sujet à s'altérer plus ou moins
promptement. Les agents principaux de l'altération sont la
chaleur, l'électricité et l'air atmosphérique, ou mieux,
l'oxygène que contient ce dernier. (1)

(1) Lorsqu'on veut conserver le lait, il faut le placer dans un endroit
frais, et il convient de faire usage de vases en poterie, en faïence ou
en porcelaine, parce que dans les vases en métal, le lait devient plus
facilement acide, et alors il tourne au moment de l'ébullition, et
quelquefois avant. Ce phénomène s'observe surtout par les temps
d'orage, où l'atmosphère est chargée d'électricité.

Pour soustraire le lait à l'influence destructive de l'un de ces agents, les marchands ajoutent au lait une petite quantité de bicarbonate de soude, et parviennent ainsi à retarder la décomposition de ce liquide.

Or, il est sensible qu'un tel fait ne présente pas le caractère d'une falsification. Cependant le bicarbonate de soude pouvant donner au lait une saveur alcaline désagréable, nous pensons que l'Autorité peut interdire la vente d'un lait où l'on aura reconnu une dose trop forte de ce sel ; un tel lait n'étant plus ce qu'on appelle une marchandise commerciale (2).

Nous pensons également que l'Autorité peut et doit même interdire la vente d'un lait obtenu quelques jours seulement après le vêlage ; un tel lait étant purgatif et possédant une saveur fade peu agréable au goût. — Ce n'est que vingt jours environ après le vêlage qu'on peut faire usage du lait de vache.

DEUXIÈME PARTIE

Essai du lait.

I. — OPÉRATIONS PRÉLIMINAIRES

Avant d'examiner le lait à l'aide des instruments que nous indiquerons, il faudra l'agiter dans tous les sens et surtout de haut en bas, avec un objet quelconque, même

(2) Pour s'assurer de la présence dans le lait du bicarbonate de soude, les chimistes traitent ce liquide par son poids d'alcool à 40° distillé sur de la magnésie. L'alcool sépare le caséum du sérum, qui,

une canne ; on pourra aussi le transvaser et l'agiter ensuite, ce qui vaut même mieux.

Cette opération préliminaire s'appuie sur cette raison que la crème, par sa densité plus faible que celle des autres principes du lait, tend naturellement à s'en séparer et à monter à la surface du liquide ; ce qui peut arriver même pendant le transport, lorsque les vases sont complétement pleins, car alors il ne s'opère que des mouvements de totalité du contenu et du contenant.

D'autre part, nous avons vu, et c'est là même la cause première de cette séparation que la crème n'est pas dissoute, mais simplement suspendue dans le lait, à l'état de globules microscopiques.

On fera bien également, avant toute opération, d'observer les points suivants :

1° Examiner avec soin la couleur du lait ; 2° le déguster et s'assurer ainsi de sa saveur et de son opacité.

La couleur du lait devra être celle que nous avons indiquée au début. Si au lieu d'affecter cet aspect, un lait était bleuâtre, ce serait un indice presque certain de la soustraction de tout ou partie de sa crème au moins.

En ce qui concerne la saveur et l'opacité, elles n'échappent pas au goût, qui discerne toujours la présence ou l'absence, et, avec quelque habitude, le plus ou le moins de principe sucré et de matières émulsives contenus dans un lait. Ainsi, par exemple, si un lait était simplement

seul, passe à travers le filtre. La liqueur filtrée, de même que le caséum, ramène au bleu le papier de tournesol, rougi par un acide. Si l'on évapore le sérum, il laisse un résidu qui fait effervescence avec les acides. Le lait pur, traité de la même manière, n'offre rien de semblable. (Chevallier et Baudrimont, *Dictionnaire des falsifications* 4° édition, pages 605 et 603).

écrémé, sans addition d'eau, le principe sucré dominerait davantage et sa fluidité serait plus prononcée ; si, au contraire, il était à la fois écrémé et étendu d'eau, sa fluidité et en même temps sa fadeur et son insipidité se rapprocheraient d'autant plus de celle de l'eau que l'addition de ce dernier liquide serait plus considérable.

Bien que ces procédés soient uniquement fondés sur l'observation, et dès lors valables seulement pour l'opérateur, leur utilité n'en apparaît pas moins, croyons-nous, dans les explications que nous venons d'en donner. D'ailleurs, il se pourrait que l'on fût privé de l'un ou de l'autre des instruments révélateurs de la fraude, et alors ces moyens empiriques seraient du moins une preuve morale de son existence.

II. — INSTRUMENTS A EMPLOYER DANS L'ESSAI DU LAIT

1° — Du Pèse-lait.

Il n'existe aucun instrument qui permette de reconnaître d'une manière positive la falsification du lait par l'eau ; mais, avons-nous dit, par l'association d'un certain nombre de moyens, et avec le secours d'instruments intelligemment employés, on peut arriver à reconnaître *certainement* la fraude.

L'instrument le plus anciennement répandu, celui auquel on avait longtemps le grand tort d'accorder des résultats précis, est connu sous le nom de pèse-lait. — Il se compose d'un tube en verre creux renflé dans sa partie moyenne, et inférieurement terminé par une cavité d'une configuration particulière rappelant celle d'une poire, et qui contient du petit plomb servant à lester l'instrument et à le maintenir verticalement lorsqu'il flotte dans un liquide. L'intérieur

de la tige renferme une petite bande de papier qui porte
quatre divisions numérotées, 1, 2, 3, 4. Lorsque l'instrument plonge jusqu'au point d'affleurement n° 1, le lait est
réputé d'une qualité supérieure. Chacune des trois autres
divisions indique dans quelle proportion le lait a été étendu d'eau. Ainsi, il y a addition d'un quart d'eau quand
l'instrument plonge jusqu'au point 2, d'un tiers, quand il
affleure le n° 3, et de moitié quand il descend jusqu'au
point 4.

Le pèse-lait est un aréomètre (1) dont la [construction
est fondéé sur un principe d'hydrostatique (2) découvert
par Archimède ; principe d'après lequel un corps plongé
dans un liquide perd de son poids un poids égal à celui du
liquide dont il tient la place ; comme conséquence, un
corps qui, plongé dans un liquide, se relève et flotte à sa
surface, en laissant une plus ou moins grande partie au-
dessus, tandis que le reste est au-dessous de la surface,
pèse juste autant que le liquide dont la portion du corps
enfoncée tient la place. Exemple, un morceau de bois qui
flotte sur un liquide, pèse 100 grammes, la portion du
liquide déplacée par la partie plongée pèsera aussi 100 gr. ;
aussi, plus le liquide sera léger, plus le bois s'y enfoncera, parce que le volume déplacé par le bois devra être
alors plus considérable pour peser 100 grammes.

On comprend, dès-lors, comment un aréomètre peut
s'enfoncer plus ou moins dans du lait, le lait naturel étant
un peu plus dense, ou, pour nous exprimer plus simplement, un peu plus lourd que l'eau.

(1) Aréomètre (du grec *araios*, subtil ; *metron*, mesure).

(2) Hydrostatique : du grec *hudôr*, eau ; *statiké*, statique, balance. —
On vérifie expérimentalement le principe d'Archimède au moyen
d'une balance inventée par Galilée, et qui diffère peu de la balance
ordinaire.

2.

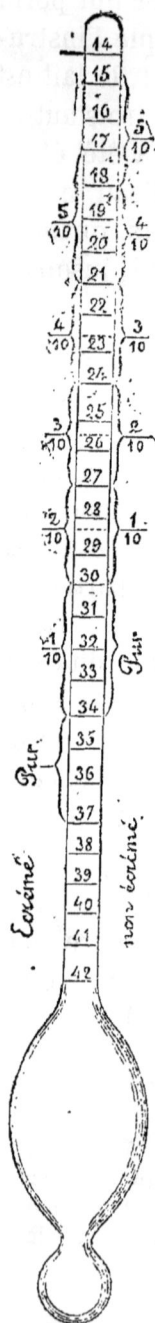

2° Du Lactodensimètre de Quevenne.

Un autre aéromètre, bien connu, dont les physiologistes recommandent l'usage, et dont, pour notre part, nous nous sommes toujours fort bien trouvé, c'est le lacto-densimètre de Quevenne.

Fondé sur le même principe que le précédent, cet instrument nous paraît préférable, à cause de sa graduation division-naire qui détermine d'une façon bien plus exacte la densité du lait.

Le lactodensimètre est muni d'une tige plate qui porte une échelle de 28 divisions, la première marquée 14 (lisez 1014) (1) est à la partie supérieure, et la dernière marquée 42 (lisez 1042) est à la partie inférieure de l'échelle.

De chaque côté de cette échelle se trouvent placées des accolades : celles de droite, sont destinées aux pesées du lait non écrémé ; celles de gauche, aux pesées du lait écrémé.

Dans chaque série d'accolades, la première indique si le lait est pur, et les suivantes s'il y a 1/10, 2 1/0, etc., d'eau ajoutée.

Toutes ces indications se rapportent à la température 15°, à laquelle l'instrument a été gradué.

(1) Pour plus de facilité de lecture, on a négligé les deux chiffres de gauche ou 10.

Dans le cas où l'on opère à une température supérieure ou inférieure à 15°, on fait la correction indiquée au bas de la table dressée à cet effet par Quevenne, et que nous avons placée à la fin de cette notice.

Mais, avec un peu d'habitude, on peut presque toujours se passer de l'emploi de cette table : il suffit alors de se rappeler que le lait augmente ou diminue de un degré environ au lactodensimètre par chaque variation de 5 degrés de température.

3° Degré que doit marquer le lait au lactodensimètre.

Nous avons vu au chapitre III que le minimum de densité, d'après Quevenne, est de 28°,8 ou près de 1029 degrés ; c'est-à-dire qu'un litre de lait mis sur la balance devra peser 1029 grammes. — « *Si donc un lait marquait* » *une densité inférieure à 1029 degrés, en ayant égard à la* » *température ; dans ce cas, il y aurait lieu de le présumer* » *falsifié.* »

4° Remarque sur l'emploi du lactodensimètre.

Il n'est pas indifférent, dit Reveil, dans sa brillante thèse du 23 décembre 1856, de plonger le lactodensimètre dans le lait de telle ou telle manière : le lait étant placé dans la burette qui sert à la pesée, on y plonge l'instrument et on le laisse descendre jusqu'à ce qu'il soit arrivé à son point d'affleurement, — on nomme ainsi l'endroit de la tige de l'instrument qui se trouve à la surface du liquide ; — si on plongeait brusquement le lactodensimètre, le point d'affleurement serait dépassé, et alors la tige se trouvant couverte d'une couche mince de lait,

l'instrument serait rendu plus lourd et la pesée serait légèrement faussée ; de plus, cette couche mince de lait
rendrait la lecture plus difficile ; celle-ci serait encore impossible lorsqu'il y aurait de la mousse à la surface du
lait ; on l'empêche en remplissant complétement la burette
qui sert à la pesée, en ayant soin de verser le lait sur les
parois de la burette inclinée, et si d'ailleurs il se formait un
peu de mousse, on s'en débarrasse en soufflant sur la
surface du liquide, afin d'en faire tomber une petite
quantité.

5° Objections contre le lactodensimètre. — Du lactoscope du docteur Donné.

Mais le lactodensimètre, comme tous les autres instruments fondés uniquement sur la densité ou poids spécifique
du lait, ne saurait fournir une indication toujours con-
cluante ; car si l'on se contentait d'écrémer le lait, sans y
ajouter de l'eau, ou même en y ajoutant une petite quantité d'eau ; dans ce cas, le lactodensimètre, loin de révéler
la fraude, accuserait au contraire un lait d'une qualité
supérieure. La raison de cette indication est tirée de cette
circonstance que la crème est moins dense, ou, si l'on
veut, pèse moins que le liquide qui lui sert de véhicule.

Pour juger de la qualité réelle du lait, sans recourir tout
de suite à une analyse chimique, il faut donc, en général,
se servir d'abord du lactodensimètre, ou de tout autre
aéromètre ; puis avoir recours à un autre instrument qui
permette de constater, d'une façon approximative tout au
moins, la présence dans le lait de la crème.

Pénétré de cette nécessité, et pour y répondre, le savant
Dr Donné a imaginé un instrument très-ingénieux, longtemps très-apprécié, auquel il a donné le nom de Lactoscope.

Voici la description qu'en donne le professeur V. Regnault, dans son cours élémentaire de chimie, 4ᵉ vol., page 464.

« Le lactoscope du Dʳ Donné est une espèce de petite
» lorgnette formée par deux verres plans qui peuvent
» être amenés jusqu'au contact, et s'écarter, graduelle-
» ment, l'un de l'autre, au moyen d'un pas de vis très-fin,
». pratiqué sur les montures métalliques des deux verres.
» L'écartement des deux verres est donné par une gra-
» duation circulaire tracée sur ces montures. Un petit
» entonnoir placé à la partie supérieure, sert à introduire
» le lait entre les deux verres, et, de l'autre côté, se trouve
» le manche par lequel on tient l'appareil. Lorsque les
» verres sont en contact, la division doit marquer O ; on
» verse le lait dans l'entonnoir, on écarte les deux verres
» en tournant la monture mobile, et le lait descend entre
» les deux verres. On se place alors devant une bougie à
» une distance de un mètre, et l'on rapproche les verres
» jusqu'à ce que la flamme devienne nettement visible.
» La richesse relative, en matière grasse, de divers échan-
» tillons de lait, est donnée, assez exactement, par le rap-
» port des écartements auxquels sont arrivés les verres au
» moment où l'image de la flamme disparaît. »

6° *Objections contre le lactoscope. — Du crémomètre*

de Quevenne.

Mais l'usage du lactoscope rencontre de biens sérieuses difficultés. Demandant un lieu obscur et des mains exercées à sa manipulation, il est impossible de s'en servir sur la voie publique, et il ne convient guère qu'aux hommes de science.

D'autre part, il y a lieu de faire remarquer que l'opacité du lait ne tient pas exclusivement à la présence dans ce liquide de la crème, mais aussi à celle de la caséine et peut-être encore à d'autres éléments. Aussi, lisons-nous dans maints ouvrages de chimie « que la qualité que le lactoscope est destiné à apprécier se rattachant à des causes de nature variable, les appréciations ne peuvent avoir aucun caractère de précision. »

On préfère au lactoscope un autre instrument qui donne la même nature de renseignements, et cela d'une façon palpable, matérielle : c'est le crémomètre de Quevenne.

Le crémomètre de Quevenne est une éprouvette à pied, ayant un tube de 0.14 de hauteur et de 0.038 de diamètre intérieur. Ce tube est divisé en 100 parties, depuis le trait supérieur qui est le 0 de l'échelle, jusqu'au fond. On y laisse reposer le lait pendant 24 heures; par l'effet du repos, dans un lieu frais, la crème monte à la surface ; on note alors le nombre de centièmes qu'elle occupe: cette détermination est facilitée par la différence de nuance caractéristique de la crème, qui est toujours d'un blanc jaunâtre.

Un bon lait ne doit pas donner moins de 10 degrés de crème.

Sans doute, le crémomètre n'est pas non plus doué d'une précision mathématique, car il faut savoir que la crème en remontant à la surface du liquide, entraîne avec elle d'autres éléments du lait, et notamment l'albumine.

Aussi, n'est-ce pas de la précision que nous voulons apporter dans nos essais : nous ne voulons que des indications capables de nous mettre en garde contre des fraudes incessantes, journalières, et l'aréomètre et le crémomètre réunis suffisent pour atteindre ce grand but.

7° *Objections contre le Crémomètre.*

Malheureusement, on peut reprocher au crémomètre de donner tardivement ses résultats, de sorte que l'agent de l'autorité, qui doit procéder avec célérité, et en présence du marchand, ne pourra guère recourir à l'usage de cet instrument, pour la détermination de la richesse de la crème du lait vérifié par lui.

Il est toutefois des cas où l'agent de l'autorité devra avoir recours à ce moyen de contrôle, c'est lorsqu'il en sera prié par le marchand lui-même, lorsque la fraude présumée paraîtra être le fait non de celui-ci, mais du marchand en gros ou du producteur. Dans ce cas, il pourra même procéder à une troisième opération qui fera l'objet du chapitre suivant.

III. — OPÉRATIONS FACULTATIVES. — DÉTERMINATION DE LA RICHESSE DE LA CRÈME. — ÉCRÉMAGE.
NOUVEL ESSAI DU LACTODENSIMÈTRE, APRÈS ÉCRÉMAGE.

Le lactodensimètre, comme nous l'avons vu, indique non-seulement la densité du lait pur, mais aussi celle du lait écrémé. La densité du lait pur, avons-nous dit, est de 31.5, celle du lait écrémé devra être de 33°, c'est-à-dire qu'un litre de lait pur pesant 1031 grammes, un litre de lait écrémé devra peser 1033 grammes.

» Après avoir pesé le lait avec le lactodensimètre, puis, déterminé la richesse de la crème, à l'aide du crémomètre, pour s'assurer si l'on a opéré sur du lait écrémé ou non, — on procède à une 3ᵉ opération contrôlant en quelque sorte les deux premières : la pesée du lait crémé. On emplit de lait une petite terrine, ou tout autre vase à forme basse et évasée (comme une tasse à café ou un pot à confitures) ; après 24 heures de repos, on enlève avec soin la crème rassemblée à la surface, et l'on pèse le lait ainsi écrémé.

Exemple : un lait non écrémé pèse 29.5, à température 5° ; au crémomètre, il marque 6° ; écrémé, il pèse 31° ; en examinant sur l'échelle de l'instrument la série d'accolades correspondant au lait écrémé, on voit que ce lait contient un 1/10 d'eau ; dans ce cas, la 3ᵉ opération a changé en certitude les soupçons qu'inspiraient sur la qualité de ce lait les résultats des deux premières opérations. (A. Chevallier, *Dictionnaire des falsifications*, page 31).

IV. — CONTRE-ÉPREUVE A LA FERME.

Enfin, afin de pouvoir se prononcer avec une certitude *complète* sur le point de savoir si un lait a été ou non falsifié, il s'offre un moyen bien simple, praticable dans un très-grand nombre de localités : c'est celui d'assister à la traite des vaches, d'examiner le lait de la même manière, et de s'assurer ensuite si les résultats concordent avec ceux précédemment obtenus.

Lorsqu'on fera cette contre-épreuve, il faudra avoir soin de ne prélever les échantillons que sur la masse totale du lait, et alors que la traite est complétement achevée, et le lait refroidi.

Cette double recommandation s'appuie sur deux raisons principales. La première consiste en ce que les principes constituants du lait ne sont pas à beaucoup près exactement le mêmes chez telle vache que chez telle autre. Ainsi, par exemple, certaines races suisses donnent un lait plus crémeux que les races hollandaises. D'autre part, l'alimentation de l'animal, son état de gestation plus ou moins avancé, le milieu dans lequel il est placé, sont autant de causes pouvant influer sur l'aspect et la qualité du lait.

La seconde raison est tirée de cette circonstance que,

comme tous les corps, le lait se dilate par la chaleur, occupe un plus grand volume, et, dès lors, est moins dense, c'est-à-dire plus léger ; comme conséquence : l'aréomètre s'enfoncera davantage dans le laid chaud que dans le même lait après son refroidissement ; les indications de cet instrument pourraient donc ici surtout devenir une cause d'erreur, si l'on n'était prévenu et mis à même de l'éviter.

La température du lait en sortant du pis de la vache est d'environ 37 à 38 degrés ; son refroidissement graduel est subordonné à la température ambiante et à beaucoup d'autres circonstances dans lesquelles nous ne pouvons entrer ici ; nous dirons seulement qu'au moment de cette opération, la température du lait ne doit pas dépasser vingt degrés centigrades. — Il va de soi que lorsqu'on opérera à 20°, on aura égard à cette température encore élevée.

V. — NÉCESSITÉ D'AVOIR UN THERMOMÈTRE.

Pour procéder avec intelligence à une vérification de lait, l'agent de l'autorité doit être muni non-seulement d'un aréomètre et d'un crémomètre, mais encore d'un thermomètre.

Comment, en effet. reconnaître la température réelle du lait sans le secours de ce dernier instrument ? On objecte, il est vrai, mais il ne faudrait pas trop présumer de cette objection, que la température habituelle étant de 15° centigrades pendant la moitié de l'année au moins, il n'est pas indispensable d'avoir toujours un thermomètre. — Nous répondrons que le lait n'a pas toujours la température ambiante ; qu'il est souvent plus chaud, et quelquefois même, rarement il est vrai, plus froid que l'air. Aussi, regarderions-nous comme faite à la légère, toute vérification de lait où l'opérateur se serait dispensé de l'usage d'un thermomètre.

Reveil recommande de bien choisir cet instrument. Quelques auteurs, dit-il, préfèrent le thermomètre à mercure, parce qu'il est plus sensible; pour moi, je me trouve mieux du thermomètre à alcool, parce que celui-ci, coloré en rouge, rend la lecture plus facile; mais, comme les thermomètres à mercure sont plus exacts, il faut, lorsqu'on s'en sert, avoir le soin de n'immerger que la boule et une portion de la tige. Reveil, *Du Lait*, page 81.

TROISIÈME PARTIE

Mode opératoire

A INSTRUMENTS NÉCESSAIRES

Ainsi, dans un essai de lait, trois instruments sont nécessaires : le lactodensimètre, le crémomètre et le thermomètre. — Ce dernier peut également servir à la pesée.

B ESSAI DU LAIT

§ Ier Opérations préliminaires

1° *Examiner avec soin la couleur du lait.*

— « Si un lait était bleuâtre, ce serait un indice presque
» certain de la soustraction de tout ou partie de sa crème,
» et de l'addition d'une plus ou moins grande quantité
» d'eau. »

2° *Agiter le lait dans tous les sens et surtout de haut en bas,
à l'aide d'un objet quelconque, même une canne, ou mieux,
le transvaser et l'agiter ensuite.*

— « Cette opération s'appuie sur cette raison que la
» crême, par sa densité plus faible que celle des autres

» principes du lait, » tend naturellement à s'en séparer et
» à monter à la surface du liquide, ce qui peut avoir lieu
» même pendant le transport, lorsque les vases sont com-
» plétement pleins, car alors il ne s'opère que des mouve-
» ments de totalité du contenant et du contenu. »

*3° Déguster le lait et s'assurer ainsi de sa saveur
et de son opacité.*

— « Si un lait était trop alcalin, ce qui peut arriver, mais
» rarement, il faudrait le soumettre aussitôt à un phar-
» macien, et si celui-ci y reconnaissait la présence d'une
» trop forte dose de bicarbonate de soude ; dans ce cas, il
» y aurait lieu d'interdire la vente de ce lait, comme
» n'étant plus ce qu'on appelle une marchandise commer-
» ciale.

» Agir de même à l'égard d'un lait obtenu quelques jours
» seulement après le vêlage ; un tel lait étant purgatif et
» possédant une saveur fade peu agréable au goût.

§ 2. Emploi des instruments.

1° Prendre la température du lait au moyen du thermomètre : puis, emplir de lait jusqu'au bord le crémomètre, en versant doucement le liquide sur les parois de
la burette inclinée, puis y plonger le lactodensimètre, en
le laisant glisser doucement entre les doigts jusqu'à ce
qu'il s'arrête de lui-même, et s'assurer ainsi de la densité
du liquide. — S'il se formait un peu de mousse à la surface, souffler dessus pour en faire tomber une petite quantité.

3° Une fois obtenus, les degrés de densité et de température, on consulte, s'il y a lieu la *Table de Correction* : Nous

disons, s'il y a lieu, parce que cela n'est pas toujours nécessaire.

Exemple : Si le thermomètre marque 20°, ce qui est la
température moyenne, en été, alors le lactodensimètre
accuse un degré de moins à celui qu'il a réellement.

Autre exemple inverse : lorsque le thermomètre marque 10°, ce qui arrive par les temps froids, dans ce cas, le
lait accuserait un degré de trop au lactodensimètre.

3° Lorsque le lait ne marquera pas 29° au lactodensimètre, en ayant égard à la température; dans ce cas,
prélever de suite un ou plusieurs échantillons, en procédant de la manière que nous indiquerons sous la
lettre G.

C DISPOSITIONS PARTICULIÈRES AU PRÉLÈVEMENT D'ÉCHAN-

TILLONS DE LAIT CHEZ LE DÉBITANT.

Lorsqu'on trouve chez un marchand de lait des pots de
lait en cours de débit, et d'autres non encore ouverts et
revêtus du cachet du fournisseur en gros, on prélève un
échantillon de chaque récipient, en observant de constater,
dans le procès-verbal, la parfaite intégrité des scellés, la
forme et l'état des pots de lait, et de joindre, si cela est
possible, les cachets ou autres marques qui adhèrent à ces
récipients.

Dans le cas où, ainsi que cela se pratique presque par-
tout, en province, les pots de lait arrivent ouverts chez le
débitant, il convient de ne se présenter chez lui pour
opérer le prélèvement, qu'au moment de la livraison par
le fournisseur en gros, afin de s'assurer, comme dans le

cas précédent, si la falsification n'est pas le fait de ce dernier ; car il est sensible que l'opérateur doit apporter tous les soins à ne livrer entre les mains de la justice que le vrai coupable. Ceci est avant tout une question de stricte équité.

ᴰ OPÉRATIONS FACULTATIVES.

Détermination de la richesse de la crème. — Écrémage. — Nouvel essai au lactodensimètre, après écrémage

Pour l'intelligence des opérations dont nous allons de nouveau parler ici, nous croyons devoir expliquer davantage encore ce que nous avons déjà dit au sujet des indications du lactodensimètre.

« Lorsque le lactodensimètre indique une densité faible, — il ne faut pas l'oublier, — il y a *presque* toujours fraude ; néanmoins il se pourrait que cette faible densité provînt non d'une addition d'eau, mais *d'une grande richesse de crème.* Et inversement, si le lactodensimètre accusait une forte densité, cette indication ne serait pas une preuve absolue de la bonté du lait, par la raison que cette forte densité pourrait être le résultat d'une falsification, la dissolution d'une matière sucrée, par exemple, ou simplement la soustraction de la crème et la substitution d'une petite quantité d'eau.

De là, l'utilité de recourir au crémomètre, qui est en quelque sorte le contrôle de l'aréomètre, et qui fixera l'opérateur sur ce point si essentiel.

Donc, après avoir examiné, puis pesé le lait de la façon que nous avons indiquée, si l'opérateur veut déterminer la richesse de la crème, il emplira jusqu'à la ligne marquée O, le crémomètre ; puis il placera celui-ci dans un endroit frais, où il devra rester 24 heures : par l'effet du repos, la crême monte à la surface; on note alors le nombre de centièmes qu'elle occupe. Cette détermination, avons-nous dit, est facilitée par la différence de nuance caractéristique de la crême, qui est toujours d'un blanc jaunâtre.

Un bon lait ne doit pas donner moins de 10 degrés de crême.

On pourra aussi, au moment de la vérification, et en vue d'une seconde pesée qu'on se proposerait de faire, après écrémage, emplir de lait une terrine, ou tout autre vase à forme basse et évasée, — dans lequel la crême monte plus également et plus parfaitement. — Après 24 heures de repos, on enlève la crême rassemblée à la surface, et l'on pèse le lait ainsi écrémé, en procédant de la manière que nous avons indiquée (voir 2ᵉ partie, chap. III, page 23).

Mais on conçoit que de telles opérations, outre qu'elles présentent certaines difficultés d'exécution, ne peuvent guères être faites que hors la présence du marchand, et dès lors elles sont dépourvues de tout caractère d'authenticité, et valables seulement pour l'opérateur.

Œ   CONTRE-ÉPREUVE A LA FERME.

Lorsqu'on fera la contre-épreuve à la ferme, on n'opérera, avons-nous dit, que sur la masse totale du lait, et alors que la traite est complétement achevée.

Voici une nouvelle raison qui milite en faveur de cette recommandation. Nous tenons de l'expérience que le lait recueilli au commencement de la traite est moins riche en caséum et en crême que celui recueilli à la fin, qu'il existe une différence très-appréciable, même à l'aspect et au goût, entre le premier litre obtenu et le dernier.

Nous avons dit également qu'il convenait d'attendre, avant d'opérer, le refroidissement du lait (1), et nous en avons indiqué les principaux motifs. Nous ferons remarquer ici qu'il serait matériellement impossible de procéder de suite à la pesée, à cause de la trop grande quantité de mousse qui se forme à la surface du liquide au moment de la traite.

Nous recommanderons aussi à l'agent de l'autorité :

1° D'assister lui-même à la traite des vaches ; 2° de s'assurer si le fermier ne se sert pas d'un vase contenant de l'eau ; 3° de ne pas perdre de vue le lait après la traite.

F   PROPRETÉ DES INSTRUMENTS

La propreté des instruments, dit encore Reveil, est une précaution indispensable ; pour cela, il faut, à chaque pesée, les laver par un courant d'eau, et les essuyer ensuite avec un linge fin. Si on se contente d'essuyer les instruments après chaque pesée, la matière grasse adhère, et alors le lactomètre, rendu plus lourd, flotte mal, et quelquefois ne descend pas du tout, ou à peine.

G   DISPOSITIONS FINALES COMMUNES A TOUTES LES ÉPREUVES

Pour les expériences qui nous occupent, il est nécessaire de prélever toujours un ou plusieurs échantillons de lait. Chaque échantillon pourra être d'un litre, et l'on aura

---

(1) Pour hâter le refroidissement du lait, on plonge les vases dans l'eau fraîche, de puits ou de source. — Les fermiers intelligents ne manquent pas de prendre cette précaution pendant les chaleurs de

soin de choisir des vases en verre blanc, très-transparents et très-propres.

Après l'opération, les échantillons prélevés sont cachetés à la cire et scellés du sceau du Commissariat, en présence du marchand, avec étiquettes indicatives signées de lui, pour être ensuite livrés entre les mains de la Justice, avec le procès-verbal, dans lequel on aura soin de consigner très-exactement les réponses du délinquant, et qu'on lui fera également signer.

Toutes ces dispositions sont indispensables. L'envoi au parquet des échantillons est surtout nécessaire, pour le cas où la Justice ne se croirait pas suffisamment édifiée et ordonnerait une analyse chimique.

CONCLUSIONS.

On voit par tout ce qui précède, combien est difficile et délicate la recherche des falsifications du lait. En effet, si, d'un côté, on ne doit rien négliger pour découvrir et constater les fraudes, il n'est pas moins important, d'un autre côté, d'éviter de livrer des innocents entre les mains de la justice, erreur profondément regrettable à laquelle pourrait conduire une vérification trop superficielle de lait présumé falsifié.

Avant de prendre aucune décision, l'opérateur doit donc s'efforcer d'acquérir la certitude que la falsification existe réellement. — Nous croyons qu'il atteindra ce but en observant tout ce que nous venons de dire.

l'été, où le lait s'altère quelquefois très-promptement, surtout lorsque l'atmosphère est chargée d'électricité. — Une température de 20° est une cause d'altération du lait; au contraire, une température de 6 à 8 degrés est favorable à sa conservation.

3.

Degrés du lait au Lactodensimètre.

	0	1	2	3	4	5	6	7	8	9	10	11	12	13	14
14	12.9	12.9	12.9	13.0	13.0	13.1	13.1	13,1	13.2	13.3	13.4	13.5	13.6	13.7	13.8
15	13.9	13.9	13.9	14.0	14.0	14.1	14.1	14.1	14.2	14.3	14.4	14.5	14.6	14.7	14.8
16	14.9	14.9	14.9	15.0	15.0	15.1	15.1	15.1	15.2	15.3	15.4	15.5	15.6	15.7	15.8
17	15.9	15.9	15.9	16.0	16.0	16.1	16.1	16.1	16.2	16.3	16.4	16.5	16.6	16.7	16.8
18	16.9	16.9	16.9	17.0	17.0	17.1	17.1	17.1	17.2	17.3	17.4	17.5	17.6	17.7	17.8
19	17.8	17.8	17.8	17.9	17.9	18.0	18.1	18.1	18.2	18.3	18.4	18.5	18.6	18.7	18.8
20	18.7	18.7	18.7	18.8	18.8	18.9	19.0	19.0	19.1	19.2	19.3	19.4	19.5	19.6	19.8
21	19.6	19.6	19.7	19,7	19.7	19.8	19.9	20.0	20.1	20.2	20.3	20.4	20.5	20.6	20,8
22	20.6	20.6	20.7	20.7	20.7	20.8	20.9	21.0	21.1	21.2	21.3	21.4	21.5	21.6	21.8
23	21.5	21.5	21,6	21.7	21.7	21.8	21.9	22.0	22.1	22.2	22.3	22.4	22.5	22.6	22.8
24	22.4	22.4	22,5	22,6	22.7	22.8	22.9	23.0	23.1	23.2	23.3	23.4	23.5	23.6	23.8
25	23.3	23.3	23.4	23.5	23.6	23.7	23.8	23.9	24.0	24.1	24.2	24.3	24.5	24.6	24.8
26	24.3	24.3	24.4	24.5	24.6	24.7	24.8	24.9	25.0	25.1	25.2	25.3	25.5	25.6	25.8
27	25.2	25.3	25.4	25.5	25.6	25.7	25.8	25.9	26.0	26.1	26.2	26.3	26.5	26.6	26.8
28	26.1	26.2	26.3	26.4	26.5	26.6	26.7	26.8	26.9	27.0	27.1	27.2	27.4	27.6	27.8
29	27.0	27.1	27.0	27.3	27.4	27.5	27.6	27.7	27.8	27.9	28.1	28.2	28.4	28.6	28.8
30	27.9	28.0	28.1	28.2	28.3	28.4	28.5	28.6	28.7	28.8	29.0	29.2	29.4	29.6	29.8
31	28.8	28.9	29.0	29.1	29.2	29.3	29.5	29.6	29.7	29.8	30.0	30.2	30.4	30.6	30.8
32	29.7	29.8	29.9	30.0	30.1	30.3	30.4	30.5	30.6	30.8	31.0	31.2	31.4	31.6	31.8
33	30.6	3.07	30.8	30.9	31.0	31.2	31.3	31,4	31.6	31.8	32.0	32.2	32.4	32.6	32.8
34	31.5	31.6	31.7	31.8	31.9	32.1	32.2	32.3	32.5	32.7	32.9	33.1	33.3	33.5	33.8
35	32.4	32.5	32.6	32.7	32.8	33.0	33.1	33.2	33.4	33.6	33.8	34.0	34.2	34.4	34.7

Les chiffres placés dans la 1re colonne verticale de gauche correspondent aux degrés du lactodensimètre, tandis que les chiffres placés dans la ligne supérieure transversale,

15	16	17	18	19	20	21	22	23	24	25	26	27	28	29	30
14.0	14.1	14.2	14.4	14.6	14.8	15.0	15.2	15.4	15.6	15.8	16.0	16.2	16.4	16.6	16.8
15.0	15.1	15.2	15.4	15.6	15.8	16.0	16.2	16.4	16.6	16.8	17.0	17.2	17.4	17.6	17.8
16.0	16.1	16.3	16.5	16.7	16.9	17.1	17.3	17.5	17.7	17.9	18.1	18.3	18.5	18.7	18.9
17.0	17.1	17.3	17.5	17.7	17.9	18.1	18.3	18.5	18.7	18.9	19.1	19.3	19.5	19.7	20.0
18.0	18.1	18.3	18.5	18.7	18.9	19.1	19.3	19.5	19.7	19.9	20.1	20.3	20.5	20.7	21.0
19.0	19.1	19.3	19.5	19.7	19.9	20.1	20.3	20.5	20.7	20.9	21.1	21.3	21.5	21.7	22.0
20.0	20.1	20.3	20.5	20.7	20.9	21.1	21.3	21.5	21.7	21.9	22.1	22.3	22.5	22.7	23.0
21.0	21.2	21.4	21.6	21.8	22.0	22.2	22.4	22.6	22.8	23.0	23.2	23.4	23.6	23.8	24.1
22.0	22.2	22.4	22.6	22.8	23.0	23.2	23.4	23.6	23.8	24.1	24.3	24.5	24.7	24.9	25.2
23.0	23.2	23.4	23.6	23.8	24.0	24.2	24.4	24.6	24.8	25.1	25.3	25.5	25.7	26.0	26.3
24.0	24.2	24.4	24.6	24.8	25.0	25.2	25.4	25.6	25.8	26.1	26.3	26.5	26.7	27.0	27.3
25.0	25.2	25.4	25.6	25.8	26.0	26.2	26.4	26.6	26.8	27.1	27.3	27.5	27.7	28.0	28.3
26.0	26.2	26.4	26.6	26.9	27.1	27.3	27.5	27.7	27.9	28.2	28.4	28.6	28.9	29.2	29.5
27.0	27.2	27.4	27.6	27.9	28.2	28.4	28.6	28.8	29.0	29.3	29.5	29.7	30.0	30.3	30.6
28.0	28.2	28.4	28.6	28.9	29.2	29.4	29.6	29.9	30.1	30.4	30.6	30.8	31.1	31.4	31.7
29.0	29.2	29.4	29.6	29.9	30.2	30.4	30.6	30.9	31.2	31.5	31.7	31.9	32.2	32.5	32.8
30.0	30.2	30.4	30.6	30.9	31.2	31.4	31.6	31.9	32.2	32.5	32.7	33.0	33.3	33.6	33.9
31.0	31.2	31.4	31.7	32.0	32.2	32.5	32.7	33.0	33.3	33.6	33.8	34.1	34.4	34.7	35.1
32.0	32.2	32.4	32.7	33.0	33.3	33.6	33.8	34.1	34.4	34.7	34.9	35.2	35.5	35.8	36.2
33.0	33.2	33.4	33.7	34.0	34.3	34.6	34.9	35.2	35.5	35.8	36.0	36.3	36.6	36.9	37.3
34.0	34.2	34.4	34.7	35.0	35.3	35.6	35.9	36.2	36.5	36.8	37.1	37.4	37.7	38.0	38.4
35.0	35.2	35.4	35.7	36.0	36.3	36.6	36.9	37.2	37.5	37.8	38.1	38.4	38.7	39.1	39.5

orrespondent aux divers degrés de température que peut
ffrir le lait.

Ces deux lignes étant bien connues, notez, sur le tableau,

avec un doigt de la main gauche ou avec une épingle, le degré du lait que vous annonce le lactodensimètre ; notez, d'un autre côté, avec le doigt de la main droite le degré de température du lait : alors suivez les deux lignes jusqu'à ce qu'elles se rencontrent, c'est-à-dire avancez le doigt gauche transversalement sur la ligne où il est placé, descendez le doigt de la main droite verticalement dans la ligne où il se trouve, et le chiffre sur lequel ils se rencontreront vous donnera le degré réel du lait, c'est-à-dire le degré qu'il marquerait à la température 15°.

Exemple : Un lait pèse au lactodensimètre 28°, ce qui indiquerait 1/10 d'eau, mais sa température est de 23°. Pour faire la correction, nous prenons dans la colonne verticale de gauche intitulée : Degré du lait au lactodensimètre, le chiffre 28, et nous avançons à droite en suivant la ligne transversale. Prenant d'un autre côté dans la ligne supérieure intitulée : Température du lait, le chiffre 23, nous descendons verticalement jusqu'à ce que nous rencontrions la ligne du chiffre 28, rencontre qui a lieu aux chiffres 29-9. — De l'examen ainsi corrigé, nous concluons que le lait en question ne contenait pas d'eau ajoutée, comme nous l'avions cru d'abord avant d'avoir fait cette correction.

Autre exemple inverse : Un lait marque 30° au lactodensimètre, mais sa température n'est que 3°. — En prenant les deux chiffres 30 et 3, et suivant leurs lignes respectives jusqu'à ce qu'ils se rencontrent, nous trouvons 28.2, c'est-à-dire que le lait que nous avons cru d'abord pouvoir regarder comme pur, ne pèse en réalité que 28.74 environ, et que conséquemment il contient 1/10 d'eau.

Cette correction est, comme on le voit, très-simple, et se fait promptement quand on en a l'habitude.

Lorsque le lait, au lieu de marquer un degré juste, s'affleure entre deux degrés, et marque par exemple 31 1/2, voici comment il faut opérer pour la correction :

Négligez d'abord le demi-degré ; faites la correction sur le tableau comme avec le nombre rond, puis ajoutez au chiffre obtenu le 1/2 degré d'abord négligé.

Exemple : Degré du lait au lactodensimètre 31 1/2 ; température du lait, 5. — Nous prenons à gauche le chiffre 31, et supérieurement le chiffre 5, nous trouvons au point de rencontre le chiffre 29-3, comme poids ou degré réel du lait ; mais ayant d'abord négligé un 1/2 degré, c'est-à-dire 5/10 de degré, nous les ajoutons aux 26 3/10 obtenus, ce qui donne 29.8 ou près de 30 degrés.

FORMULES

(A). Prélèvements d'échantillons de lait sur la voie publique.

Modèle n° 1. — *(Fraude commise par le producteur.)*

L'an mil huit cent, etc.

Nous.. Commissaire de police de la ville de.............. officier de police judiciaire, auxiliaire de monsieur le Procureur de la République ;

Procédant à une série de vérifications sur le lait apporté et vendu à..............;

Nous sommes transporté dans la rue de............................, où nous avons successivement examiné, au fur et à mesure du passage des marchands qui portent le lait à domicile, celui dont ils étaient actuellement porteurs ;

Parmi ces marchands se trouvait le sieur Camus, Alexis, 35 ans, fermier, demeurant à........................., lequel était porteur d'un vase en tôle forte, de forme cylindrique, contenant huit litres de lait : nous avons aussitôt vérifié ce lait par les moyens suivants :

« Après avoir agité le lait dans tous les sens et surtout de haut en bas, à l'aide d'une grande cuillère, afin d'en mélanger parfaitement toutes les parties, nous avons empli de lait, jusqu'au bord, le crémomètre, dans lequel nous avons successivement plongé le thermomètre et le lactodensimètre, et nous avons ainsi constaté que la température du lait était de 23° et sa densité de 25°.

Ces deux indications nous ont conduit à penser, d'après les données de la science, que le lait examiné était falsifié et devait contenir une addition d'eau d'environ 13 0/0.

En conséquence, nous avons aussitôt prélevé un échantillon de ce lait, que nous avons mis dans une bouteille propre, en verre blanc, transparent, à laquelle nous avons placé une étiquette indicative de son contenu, signée du sieur Camus, à l'aide d'une ficelle rouge, sans nœuds, dont nous avons ramené et cacheté les deux bouts sur le bouchon opérant la clôture du vase, au moyen de cire rouge ardente, sur laquelle nous avons apposé le sceau de notre commissariat (A).

Toutes ces dispositions faites, le sieur Camus a répondu à nos interpellations de la manière suivante :

« Je me nomme......................... .... (mettre ici l'état civil complet) ; puis, après lui avoir fait dire s'il a ou non subi des condamnations judiciaires, — consigner très-exactement ses réponses à l'endroit de la falsification présumée ; puis, terminer le procès-verbal de la manière suivante :

De tout ce que dessus, nous avons dressé le présent procès-verbal, que le sieur Camus a signé avec nous, et qui sera transmis à M. le procureur de la République, avec le scellé, aux fins de droit.

Le Commissaire de police,

Nota. Dans des opérations de ce genre, il se présente une foule de circonstances dont l'opérateur doit tenir compte, et les consigner dans son procès-verbal. Ainsi, par exemple, il arrive souvent que le marchand en gros ou le producteur envoie une autre personne porter le lait à domicile ; dans ce cas, on interroge d'abord le porteur, puis seulement le marchand en gros ou le producteur. Le second interrogatoire ne pourra souvent se faire que par acte séparé.

Lorsque le marchand en gros ou le producteur demeure dans une commune située en dehors de la juridiction du fonctionnaire qui a vérifié le lait, celui-ci laissera au parquet le soin de le faire interroger.

Modèle n° 2. — (*Rechercher si la fraude a été commise par le porteur ou le producteur du lait.*)

L'an, etc.,
Nous, etc.,
Procédant à une série de vérifications sur le lait apporté et vendu à...

Nous sommes transporté dans la rue de.........................., où nous avons successivement examiné, au fur et à mesure du passage des marchands qui portent le lait à domicile, celui dont ils étaient actuellement porteurs ;

Parmi ces marchands se trouvait le sieur Pierre Ledru, 27 ans garçon laitier au service du sieur Camus, Alexis, fermier, demeurant à..........................; lequel conduisait une petite voiture à bras, **chargée de** six pots, en tôle forte, de forme haute et cylindrique, fermés au moyen d'un couvercle mobile, et contenant chacun dix litres de lait.

Nous avons choisi l'un de ces pots, et en avons aussitôt vérifié le contenu par les moyens suivants :

« Après avoir agité le lait dans tous les sens et surtout de haut en bas, à l'aide d'une grande cuillère, afin d'en mélanger parfaitement toutes les parties, nous avons empli de lait, jusqu'au bord, le crémomètre, dans lequel nous avons successivement plongé le thermomètre et le lactodensimètre, et nous avons ainsi constaté que la température du lait était de 10 degrés et sa densité de 28 degrés.

Ces deux indications nous ont conduit à penser, d'après les données de la science, que le lait examiné était falsifié et devait contenir environ 14 0/0 d'eau ajoutée.

En conséquence, nous avons aussitôt prélevé un échantillon de ce lait, etc., etc. (comme au précédent modèle A).

Toutes ces dispositions faites, le sieur Ledru a répondu à nos interpellations de la manière suivante :

« Je me nomme.......................... (mettre ici l'état civil complet du porteur de lait) ; puis, après lui avoir fait dire s'il a ou non subi des condamnations judiciaires, l'interroger sur le point de savoir si la falsification présumée est son fait ou celui de son maître : à cet effet consigner très-exactement ses réponses ; puis terminer le procès-verbal de la façon accoutumée. »

De tout ce que dessus, etc.

(B). Prélèvements d'échantillons de lait chez le débitant.

Modèle n° 3. — *(Fraude commise par le débitant.)*

L'an, etc.,
Nous, etc.,
Procédant à une série de vérifications sur le lait apporté et vendu à..
Nous sommes transporté chez le sieur Léon Mercier, marchand de

lait demeurant à...................................., rue...................................., dont la vente est considérable ; et avons, ainsi qu'il suit, procédé chez ce débitant.

Sur son comptoir nous avons trouvé, pleine de lait, en cours de débit, une terrine ouverte, en faïence vernissée, de forme ovale et très-large : après avoir agité son contenu dans tous les sens et surtout de haut en bas, avec une grande cuillère, nous avons puisé dans cette terrine une petite quantité de lait, dont nous avons empli, jusqu'au bord, le crémomètre, dans lequel nous avons ensuite successivement plongé le thermomètre et le lactodensimètre ; et avons ainsi constaté que la température du lait était de 12 degrés et sa densité de 26 degrés.

Ces deux indications nous ont conduit à penser, d'après les données de la science, que le lait examiné était falsifié et devait contenir une addition d'eau d'environ 2/10.

En conséquence, nous avons aussitôt prélevé, etc., etc., tout le reste comme au modèle n° 1...

—————

Modèle n° 4. — *Fraude commise par le fournisseur.*—

1ᵉ cas : où les vases arrivent fermés chez le débitant.

L'an, etc.,

Nous...................................,

Procédant à une série de vérifications sur le lait apporté et vendu à...

Nous sommes transporté chez le sieur Félix Renard, marchand de lait, demeurant à...................................., rue...................................., dont la vente est considérable, et avons, ainsi qu'il suit, procédé chez ce débitant.

« Nous avons choisi dans sa boutique un vase en fer blanc, affectant la forme d'une grande bouteille, fermé hermétiquement par un couvercle également en fer blanc, retenu par une ficelle double scellée d'un sceau en plomb, — ou en cire noire ou rouge portant les énonciations suivantes..... (mettre ces énonciations)..................................

....

Après avoir constaté la parfaite intégrité de ce scellé, nous avons coupé la ficelle ; puis, après avoir transvasé le lait dans une grande terrine, avoir ensuite agité ce liquide dans tous les sens et surtout de haut en bas, nous en avons rempli jusqu'au bord, le crémomètre, dans lequel nous avons aussitôt plongé le thermomètre, puis le lactodensimètre, et avons ainsi constaté que la température du lait était de 25 degrés et sa densité de 29 degrés.

Ces deux indications nous ont conduit à penser, d'après les données de la science, que le lait examiné était falsifié et devait contenir 13 0/0 d'eau ajoutée.

En conséquence, nous avons aussitôt, etc. (voir modèle 1, A).

Nous avons ensuite placé sous un second scellé le sceau en plomb ou en cire noire ou rouge...... qui opérait la clôture du vase.

Toutes ces dispositions faites, le sieur Renard a répondu à nos interpellations de la manière suivante :

Je me nomme, etc.........................

—Puis, après lui avoir fait dire s'il a ou non subi des condamnations judiciaires, consigner très-exactement les réponses du marchand, qui devront porter notamment sur les points suivants : —

1° Quels sont les noms, profession et demeure de son fournisseur ;
2° Depuis combien de temps il lui fournit du lait ;
3° Si, précédemment déjà, le marchand s'est aperçu que le lait que son fournisseur lui expédiait ou lui apportait était de mauvaise qualité.

De tout ce que dessus, nous avons dressé le présent procès-verbal, que le sieur Renaud a signé avec nous, et qui sera, aux fins de droit, transmis à M. le procureur de la République, avec les scellés.

Le Commissaire de police,

Modèle n° 5. — *Fraude commise par le fournisseur. 2ᵉ cas : où les vases arrivent ouverts chez le débitant.*

L'an, etc.,
Nous. ....
« Informé que le sieur Barbier, Alfred, revendeur de lait, demeurant à.......................... , rue........................ était soupçonné de vendre du lait falsifié, mais qu'on supposait que cette falsification était non son fait, mais celui de son fournisseur, le sieur Ramot, Antoine, mar-

chand de lait en gros, demeurant à..............................., qui lui apporte tous les jours du lait dans des vases ouverts ;

Nous nous sommes transporté au domicile du sieur Barbier au moment où le sieur Ramot lui apportait du lait, comme de coutume, dans un vase ouvert, en tôle forte, de forme haute et cylindrique, et contenant dix litres. — En présence des sieurs Ramot et Barbier, nous avons aussitôt vérifié le lait suspecté par les moyens suivants :

« Après avoir transvasé le lait dans une grande terrine, puis agité ce liquide dans tous les sens et surtout de haut en bas, afin d'en mélanger parfaitement toutes les parties ; — nous avons puisé dans cette terrine une petite quantité de lait, dont nous avons empli, jusqu'au bord, le crémomètre, dans lequel nous avons ensuite successivement plongé le thermomètre et le lactodensimètre ; et avons ainsi constaté que la température du lait était de 15 degrés et sa densité de 26 degrés.

Ces deux indications nous ont conduit à penser, d'après les données de la science, que le lait examiné était falsifié et devait contenir environ 18 0/0 d'eau ajoutée.

En conséquence, nous avons aussitôt prélevé un échantillon de ce lait, etc. (voir modèle 1-A)

Ces dispositions faites, le sieur Ramot a répondu, etc., Voir les précédents modèles..

Nota. On pourra faire signer ce procès-verbal par le revendeur également.

(C). Contre-épreuve à la ferme.

Modèle n° 6. — *Dans cette opération il s'agit de vérifier les résultats obtenus lors de la première pesée.*

L'an, etc.,

Nous ....

Vu notre procès-verbal en date du..
inculpant de falsification de lait le sieur Camus, Alexis, fermier, demeurant à.................................

En présence des allégations du sieur Camus, contenues dans ledit procès-verbal ; s'agissant, dans l'espèce, de vérifier les résultats que nous avons obtenus lors de notre première pesée ;

Nous nous sommes transporté en la ferme dudit sieur Camus, où nous avons procédé de la manière suivante :

« Ayant été introduit dans une écurie où se trouvaient trois vaches, nous les avons toutes trois fait traire, en notre *continuelle* présence. — Puis, la traite achevée, nous avons attendu une heure environ son refroidissement — Opérant ensuite sur la masse totale du lait, nous avons procédé de la façon accoutumée ; c'est-à-dire qu'après avoir rendu le lait homogène par une légère agitation, nous en avons puisé une petite quantité dont nous avons rempli, jusqu'au bord, le crémomètre, dans lequel nous avons ensuite successivement plongé le thermomètre et le lactodensimètre ; et avons ainsi constaté que la température du lait était de 17 degrés et sa densité de 31 degrés.

Ces deux indications, et avec elles, l'aspect et la saveur du lait, nous permettent de conclure, d'après les données de la science, que le lait vérifié est de bonne qualité ; que, conséquemment, les allégations du sieur Camus, consignées au procès-verbal sus-visé, étaient fausses et mensongères, et que, dès lors, l'inculpation dirigée contre lui est fondée (1)

Ces dispositions faites, nous avons, à toutes fins utiles, prélevé un échantillon du lait vérifié, que nous avons mis dans une bouteille, etc. (voir modèle 1-A).

De tout ce que dessus, etc.

Nous bornerons là nos formules : elles ne pourront varier, dans la pratique, suivant les circonstances, que dans certaines parties spéciales. Ainsi, par exemple, il peut arriver qu'au lieu du débitant, on trouve chez lui sa femme ou un domestique ; dans ces cas, après ces mots : « nous nous sommes transporté chez le sieur Félix Renard, etc. (modèle 4, » — on ajoutera ceux-ci : « où étant et parlant à

---

(1) Il arrive souvent que les inculpés affirment que le lait examiné est tel que les vaches l'ont fourni : c'est surtout dans ce cas que l'on procède à la contre-épreuve. C'est ce qui explique notre forme de rédaction.

sa femme, remplaçant son mari absent de son domicile, — ou bien : « où étant et parlant à Gustave Beuré, son domestique, remplaçant son maître, etc. »

Dans ces circonstances, on doit interroger d'abord la femme ou le domestique, surtout si le marchand était absent depuis plus ou moins de temps.

Mais, dans la plupart des cas, on fera mieux de différer l'opération et de faire chercher le marchand s'il est en ville. Il faut, en effet, simplifier le plus possible les écritures.

Il arrive parfois, au cours même de l'opération, que des clients du marchand accusent hautement celui-ci de falsifier le lait mis en vente : or, il ne faudrait pas omettre de consigner au procès-verbal un tel incident, dont l'importance n'échappe à personne.

En résumé, dans des procédures de ce genre, comme dans toutes les procédures, du reste, on doit relater tous les renseignements propres à éclairer la justice, non-seulement sur les faits actuels, mais aussi sur les antécédents de l'inculpé, sur son caractère, ses habitudes morales, sa vie extérieure et sa réputation.

Une instruction judiciaire doit être faite sans passion, c'est-à-dire avec le plus grand calme, et l'on doit y mentionner tous les faits, toutes les circonstances mêmes extrinsèques au délit, et qui méritent d'être relevées.

» Souvent il arrive que l'inculpé, par des mensonges plus ou moins habilement présentés, cherche à atténuer la portée des charges qui s'élèvent contre lui, ou à en dénaturer le caractère ; dans ce cas, bien se garder de céder à une indiscrète précipitation qui lui permette de s'apercevoir qu'il s'est engagé dans une fausse voie, et de s'arrêter en temps encore utile. »

Des mains du Commissaire de police, l'affaire passe dans celles d'un juge d'instruction, magistrat initié, rompu aux affaires judiciaires, qui vérifie personnellement, ou qui fait vérifier toutes les allégations précédemment émises par l'inculpé, et qui, s'appuyant sur leur inexactitude, obtient souvent des aveux.

Enfin, comme dernière recommandation, nous dirons que les questions doivent être courtes et précises, c'est-à-dire qu'elles doivent porter sur chaque point de l'affaire ; et qu'il ne faut jamais contraindre l'inculpé à s'expliquer plus qu'il n'entend le faire. — Agir différemment, serait sortir de ce que nous appellerons : la vérité judiciaire.

TABLE DES MATIÈRES

TABLE DES MATIÈRES

FORMULES :

FIN.

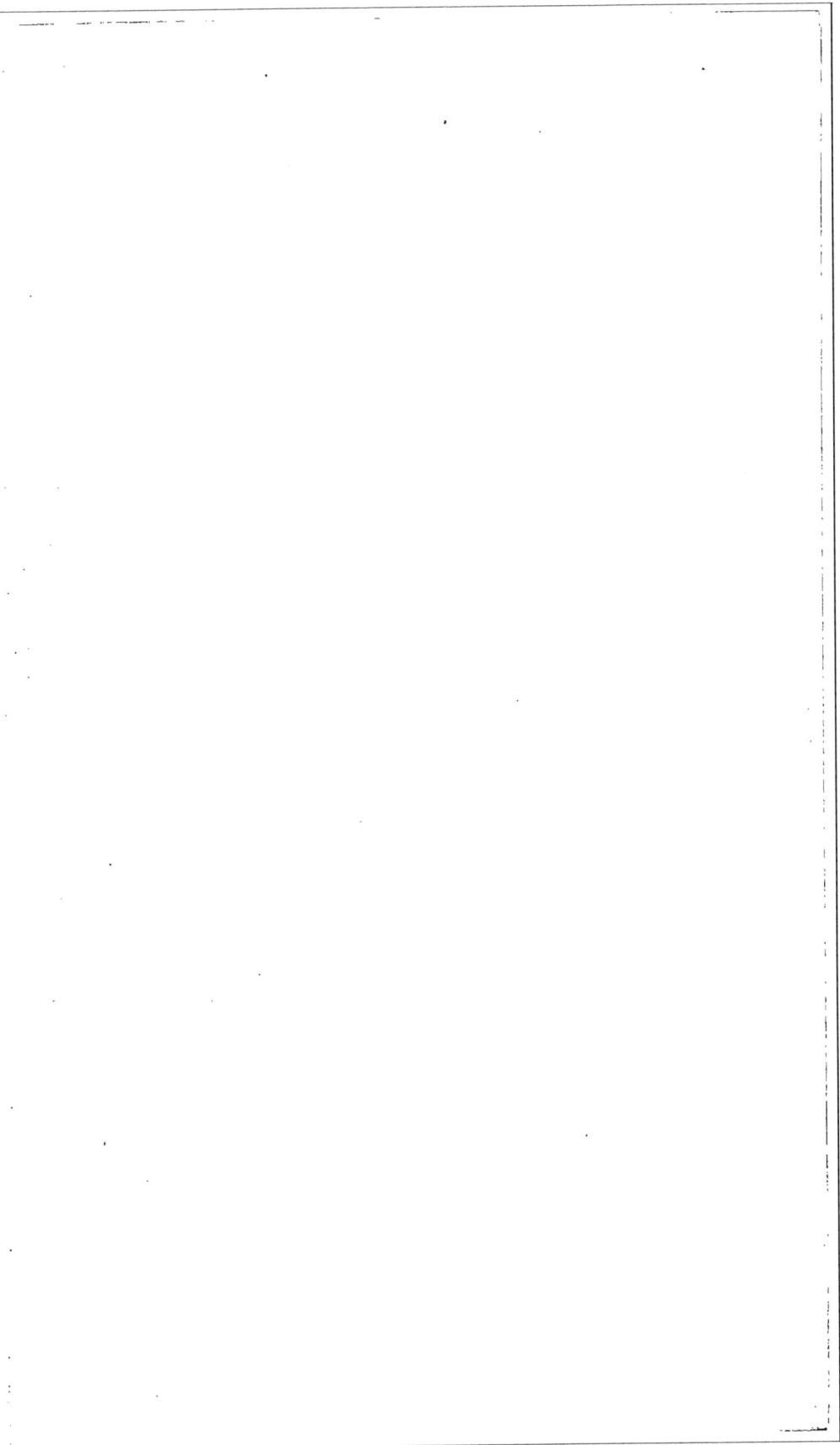

www.ingramcontent.com/pod-product-compliance
Lightning Source LLC
Chambersburg PA
CBHW071007280326
41934CB00009B/2204